この国の政治を変え　希望ある未来へ

目　次

新春対談

東京大学教授
本田 由紀さん

日本共産党委員長
志位 和夫さん

この国の政治を変える
「私たちはあきらめない」

新年恒例の新春対談、今年のゲストは、教育社会学者の本田由紀さん（東京大学教授）です。総選挙では日本共産党や野党共闘を応援、また選挙直前には『「日本」ってどんな国？』（ちくまプリマー新書）を出版、この国の政治や社会のあり方を鋭く問いました。志位和夫委員長と縦横に語り合いました。

しい・かずお　1954年生まれ。東京大学工学部物理工学科卒業。1990年から日本共産党書記局長、2000年から幹部会委員長。衆院議員（比例南関東ブロック）10期。近著は『学生オンラインゼミ　社会は変わるし、変えられる』

「ぶれないのに柔軟」の誕生秘話

志位　明けましておめでとうございます。

本田　明けましておめでとうございます。

志位　昨年（2021年）の総選挙では、本田さんから日本共産党に対してたいへん心のこもったメッセージをいただきありがとうございました。「ぶれないのに柔軟。強いのにやさしい。理知的なのに温かい」。とてもうれしくて、街頭演説でも一番に紹介させていただきました。

本田　結構、私サービス精神がありまして（笑い）、コメントの依頼をいただいたもので、うんと考えて三つ頭に浮かんだ言葉を並べました。ただ個人的には、前後の言葉を

「……のに」でつないでしまったのには少し後悔しています。それぞれの言葉は相反するものではありませんよね。強い、「だから」やさしいわけですし、理知的、「だから」温かいわけです。

志位　なるほど。ますます照れてしまいます。（笑い）

本田　日本共産党を応援する動画では、ちょっといたずら心が湧きまして、普段はあまり着ないヒョウ柄の服を着ました。そのわけを「『今日は共産党に票（ヒョウ）を』ということで」とツイートしたら、結構反響がありました。（笑い）

コロナ、総選挙、そして参議院選挙

本田　昨年を振り返ると、夏の地獄のような記憶が残っています。新型コロナの感染者

ほんだ・ゆき　1964年生まれ。東京大学大学院教育学研究科教授。専攻は教育社会学。著書に『教育は何を評価してきたのか』（岩波新書）、『社会を結びなおす』（岩波ブックレット）。近著は『「日本」ってどんな国？』（ちくまプリマー新書）

数が増え続け、自宅で亡くなる方の数もどんどん増える一方で、華々しいオリンピックの空騒ぎがテレビで交互に繰り広げられました。頭が変になりそうでした。

志位　とくに「第5波」でたくさんの方々が亡くなられました。私たちは最後まで反対しましたが、緊急事態宣言の最中に、オリンピック・パラリンピックを強行するという間違った政治の下で、多くの方々の命が失われました。これは本当に繰り返してはいけない、今後に生かさなければならないと考えています。

本田　そして、先ほど話題になった総選挙です。自民・公明が過半数を得た結果には、ちょっと複雑な思いが残りました。今年（2022年）は参院選があり、たたかいは続きます。この国の現状は、「おかしいよね、こんなの」ってあきらめたくなるようなことばかりですけれども、あきらめることはいつでもできるので、私はあきらめません。もう少し頑張ろうというのが、今年の抱負です。

志位　昨年の総選挙では、6年かかってようやく本格的な野党共闘の体制ができました。私たちは、ここまで合意したのだから、「野党共闘で政権交代をはじめよう」と力いっぱい訴えました。このことに悔いはありません。ただ、相手側は、とても恐ろしい事態が起こったというふうに相当構え、野党共闘や日本共産党に対する風当たりが強くなりました。その結果、共産党は残念な後退だったのですが、そういう中でも、二つほど私は今年につながる大きな成果があったと思っています。

本田　二つの成果ですか。

志位　一つは、野党共闘が間違いなく成果を上げたということです。そして、共産党が共闘に真剣に取り組むことで、信頼も広がりました。本田さんのメッセージもその信頼のあらわれとして、とてもうれしかった。

本田　ありがとうございます。

志位　二つ目は、今度の選挙で、私たちは、暮らし、平和とともに、気候危機打開とジェンダー平等という、世界にとっても日本にとっても大問題を、国政選挙で初めて正面からの大争点として訴えたことです。

これがとくに若い方にも響きました。全国どこでも、この二つの問題を真剣に訴えたことで、若いみなさんの反応がぐっと広がって、これは選挙後もずっと続いています。

今年は党創立100年ですから、その年にふさわしく、参議院選挙では反転攻勢で勝利と躍進を勝ち取りたいと決意しているところです。

野党共闘と共産党への攻撃、屈するわけにはいかない

本田　それにしても総選挙での野党共闘攻撃はひどかった。メディアの報道もひどかった。本当にひどい中傷のようなことがたくさんあって、すごく腹が立っています。

それは、志位さんがおっしゃったように、相手方にとって野党共闘がすごい脅威だったからこそですね。そうはいっても、デマがいな攻撃をしてくるのは本当に許されません。

志位　選挙後、あるメディアで、根拠も示さずにひたすら共産党を叩《たた》く記事が出たんで

す。私は、批判は自由だけれど、何の根拠も示さずに非難するというのは良くないですよと言ったんです。

民主主義の社会ですから、どんな批判も私たちは受け止めます。そして、私たちが身を正さなければならない批判に対しては、真剣に耳を傾けて、自己改革をやっていかなければいけないと思っています。しかし、根拠もなしの非難は困ります。共産党に対してはどんな理不尽な攻撃をしても許されるとなったら、日本の民主主義は危うくなってしまいます。

ある自民党の重鎮からこんなメッセージが届きました。

「1人区で野党がバラバラでなく、1対1の構図をつくられたら、まずいことは誰でもわかる。だから、自民党はメディアに『野党共闘は失敗だ』と書かせている。共産党はメディアに批判されても屈せず野党共闘をぶれずに進む。だから共産党に攻撃が集中するのだと思う。共闘がない限り、政権交代がないからだ。共産党が共闘路線を歩む限り、自民党はつねに政権交代の不安と恐怖を抱き続けることだろう」

この方は、共産党が共闘をやったほうが、自民党にとって緊張感が出ていいという立場ですが、その路線を歩む限り、自民党は常に「不安と恐怖を抱き続ける」。だから、この際、ともかく共闘の芽を摘んでしまおうという攻撃だというのです。

本田　自民党のなかでも比較的ましな方かもしれませんが、自分の身ぐらい自分で正せといいたいですけどね。もちろん、こんな攻撃があっても、共闘をあきらめるわけにはいきません。

志位　絶対に、これには屈するわけにはいかない。理不尽な攻撃には事実をもって反論しますし、同時に、国民のなかで平和の運動、暮らし、ジェンダー、気候危機など、いろいろな運動を起こしていって、その力で、また私たち自身が希望のある未来を示すことで、はね返していきたいと思っています。

私などは、叩かれれば叩かれるほど、「絶対にやめるものか」と思います。そんなに簡単に野党共闘はつぶれたりしません。なくなることはありません。安倍政権によって安保法制が強行されたのが2015年で、以来6年間、山あり谷ありで、いろいろな場面に遭遇してきましたが、私は、やはり共闘の根底に流れているのは市民の声だと思っています。6年前の国会前に集まった方々の「野党は共闘」という声だと思っています。この声は、湧き出たり、伏流水になったり、いろいろな現れ方をするけれど、変わらないし、発展していくと思っています。だから、そういう声と、6年間の積み重ねがある以上、今後、難しいことが起こっても、また、紆余《うよ》曲折があるかもしれないけれど、野党共闘は必ず前進すると私は考えています。

本田　私は市民連合のメンバーではありませんが、外から折々に関与させていただくという立場で、野党共闘も応援してきました。共産党は辛抱強く、共闘を進め、総選挙でも多くの候補者をおろしてくださいました。見すえてらっしゃるものが明確だからぶれない、そして、そのために柔軟に対応するからだと思っています。

11.3憲法大行動で訴える本田由紀東京大学教授
＝2021年11月3日、国会正門前

昨年11月3日の国会前行動のスピーチでも、今強い野党勢力が必要だ、野党の共闘は絶対条件だと訴えさせてもらいましたが、その気持ちが変わることはありません。

野党共闘、共産党の政策を広げるために

本田　共産党が総選挙で訴えた平和、暮らし、ジェンダー、気候はどれもすごく大事だと思っています。私は賛成します。

でも、その訴えが響かない人々、違うところに関心があったり、そういった訴えがきれいごとに思えるような層というのが、どっかり存在していることは確かです。

たとえば、30代、40代ぐらいの働き盛りの男性にとっては、賃金も上がらない、家族もいるなか、〝とにかく食っていかなきゃいけない〟〝とにかくもうちょっと金を稼ぎたい〟〝とにかくもうちょっとゆとりがほしい〟みたいな切実な思いがあります。

ツイッターには、「野党は苦しい人たちには非常に優しいような政策を提言とかするけれども、そこまで苦しくはない自分たちに対して一体何をやってくれるんだ」みたいな声がありました。あらためて総選挙の各党の政策を読み比べてみた時に、自民党は経済政策

にたくさんの項目が挙げられていて、しかもなんかカタカナ用語みたいのをいっぱい使いながら、キラッキラな素晴らしい将来がすぐそこにあるかのような、マニフェストを掲げていました。「もう一度、力強い日本を」とか、「強い経済と素晴らしいテクノロジーを」とか、こうしたキラキラした雰囲気を渇望している有権者が、先ほど話した30代、40代の男性を中心にいると思います。

私は、自民党の政策は空疎だとは思います。一方で野党側の政策は、理想としてはとても本当に素晴らしいのですが、表現の仕方、言葉遣いも含めて、「守る」って言葉が多いのが気になりました。

たとえば、資本主義はもちろん弊害がいっぱいありますけれども、すごく強欲な資本主義じゃなくても、やはりある程度、当座の経済を回さないと、社会保障の原資も手に入りません。経済・産業をうまく回すってことはイコール新自由主義ではないはずです。

志位　そうですね。

本田　ですから、たくましい、正しい経済であったりとか、あるいは、テクノロジーも必要なものは使うといったりした主張は必要ではないかと思うのです。そのギャップがもう少し埋められないかなと考えていますが、どうでしょうか。

新自由主義から転換し、〝やさしく強い経済〟へ

志位　そのご指摘は大事だと思います。本田さんの『前衛』1月号のインタビューを拝

見して、いろいろと感じるところがありました。いまおっしゃったこと、特に30代、40代の男性の働き手にも響くような訴えをどうやればできるかということは、本当に考えなければいけないなと思いました。

そこで、こう考えてみました。新自由主義から転換しなくてはいけないというのは、本田さんも同じ立場だと思います。では、新自由主義から転換してどんな社会をつくるか。この社会を一言で言った場合、本田さんの言葉をそのまま使わせていただきますと、〝やさしく強い経済〟をつくろうというように訴えてみたらどうかと考えたのですが。

本田 「やさしく強い経済」ですか。

志位 これはワーディング（言葉遣い）の問題だけではありません。新自由主義が、だいたい1980年代から始まり、90年代からうんとひどくなりました。この間に、三つの悪政がやられたと考えています。

一つは、労働法制の規制緩和で、「使い捨て」労働を蔓延《まんえん》させてしまったこと。

二つは、社会保障の連続切り捨てで、医療も介護も年金も貧しくしてしまったこと。

三つは、消費税を増税し、富裕層と大企業に減税して、税の公平を壊してしまったこと。

この三つをやって、その結果できた社会はどんな社会でしょうか。

一つは、〝冷たい社会〟です。つまり、人々に「自己責任」と「自助」を押し付ける、〝冷たい社会〟に変えられてしまいました。同時に、この〝冷たい社会〟は〝もろい社会〟でもあるのです。つまり決して本当の意味での〝強い社会〟じゃない。〝もろい社会〟〝弱い社会〟をつくってしまった。この〝もろさ〟ということを考える場合に、本田さんの著書『「日本」ってどんな国？　国際比較データで社会が見えてくる』を読んで、いくつか大事なポイントがあるなとあらためて思いました。

第1は、「成長ができない国」になってしまった。ＯＥＣＤ（経済協力開発機構）のデータで、この7年間（２０１３年～20年）で見て、実質ＧＤＰ（国内総生産）の伸びはアメリカが25％。ユーロ圏が14％。日本が6％です。日本は、世界で最も成長できない国になり、深刻な停滞状態に陥っている。脆弱《ぜいじゃく》な経済になってしまいました。

本田　そうですね。

志位　それから第2は、「危機に弱い国」になった。

そのことは新型コロナ危機であらわれました。長年、社会保障と公衆衛生を切り捨ててきた結果、お医者さんの数はＯＥＣＤ平均に比べて14万人も少ない。保健所は半分にしてしまった。それが医療崩壊を招いてしまいました。強いどころではなく、危機にもろい社会にしたわけです。このことでたくさんの方が亡くなりました。

それから第3は、本田さんも著書で強調されているのですが、本当の意味での競争力を失ったということです。このデータでは、１９９０年代初めに日本は世界で1位だったのに、現在は34位とありますね。競争力をうんと失った。

本田　私の本を取り上げていただいてありがとうございます。そこでも紹介しましたが、日本経済がもうディクライン（衰退）していることは明らかですね。IMDというスイスのシンクタンクが長年にわたって発表している各国の競争力ランキングは、「経済的業績」「政府の効率性」「ビジネスの効率性」「社会基盤」の四つの分類に基づく客観的データとアンケート調査結果による指標を用いて計算したものですが、これによると、90年代以降の日本の低下は著しく、その後も持ち直していないことを示しています。

志位　10年ほど前に、電機・情報大企業による13万人規模の首切り・リストラ計画が大問題になったことがあります。私も当時、国会でとりあげたのですが、あの時に日本の電機・情報大企業は、技術・開発部門までリストラの対象にしました。それが、深刻な頭脳流出を招きました。そして開発力を失っていった。

半導体を見てみると、一時は、世界で50％以上のシェアがあったのが、いまは10％です。半導体一つ自前で調達できなくなり、ばくだいな補助金で台湾企業を誘致しようというありさまです。ごく短期の利益さえ上がればいい、株価さえ上がればいい、中長期の目で人を大事にせず、リストラでどんどん人を切っていった結果、日本の競争力はこれだけ衰退してしまいました。

つまり、新自由主義は、日本を、〝冷たい社会〟にしただけではなく、〝もろく弱い社会〟――脆弱な社会にしてしまったのです。

だから、先ほど言った三つの点で、根本からの大改革をする必要があります。一つは、労働法制の規制緩和の路線を転換して、人間らしく働けるルールをきちんとつくっていくこと、二つは、社会保障を切り捨てから拡充に大きく切り替えること、三つは、消費税を減税し、富裕層や大企業に応分の負担を求める税制改革を行うこと――。そういう一連の大改革をやることが、〝やさしく強い経済〟にする道だということを、訴えていきたいと考えています。

「強い」経済は共産党にとって資本主義批判という点から見れば妥協か？

本田　私が申し上げたことを率直に受け止めてくださって本当にうれしいです。私も資本主義について多少は勉強していまして、さすがにこのままではヤバイと思っています。私は、資本主義を乗り越えたコミュニティベースの経済社会にも共感するのですが、ただ、そこに至るまでにちょっと長い道のりがかかりそうという気もしています。志位さんのおっしゃった「強い経済」という方向が、問題含みの資本主義を延命することを暫定的に主張してしまうことになるのかもしれないと思いながら、いまの資本主義が滅ぶとか、資本主義を変えていかなきゃいけないと思っていない人たちに、共感・賛同してもらうためには、こうした打ち出しが必要だとも感じます。

「やさしくて強い経済」というスローガンを打ち出すとおっしゃったのは、日本共産党の資本主義に対する批判という点からみれば、相当主張を曲げていただいたのではないでしょうか。

志位　いやいや、そうじゃないんですよ（笑い）。マルクスの『資本論』のなかに、とても印象的な叙述があるんです。

19世紀のイギリスで、人類初めての工場法ができました。とくに1848年から50年の時期に、「1日10時間」に労働時間を規制する工場法がつくられた。マルクスは『資本論』のなかで、いろいろな角度から工場法の歴史的意義に光を当てているのですが、工場法がつくられる前のイギリスというのは、長時間労働がまったく野放しですから、労働者階級は肉体的にも精神的にも健康を失ってしまう。児童労働も野放しですから、子どもの成長にも障害がつくられる。そのことによって、イギリスの資本主義の全体が行き詰まっていくのです。

工場法をつくってどうなったか。マルクスは、『資本論』で、イギリス資本主義の「驚くべき発展」が起こったといっています。つまり、工場法によって、労働者が肉体的にも精神的にも健康を取り戻して、そのことが社会全体に活力をもたらしたと。マルクスは、そのことをすごく肯定的にとらえているわけです。

そういう意味での「強い経済」をつくっていくということは、私たちの主張を曲げるわけでもないし、反対に、私たちがめざすものなのです。資本主義が健全な発展をとげれば、それだけ先の社会に進む豊かな条件もつくられますから。

本田　弁証法ですね。

志位　弁証法です。健全な意味での「強い経済」をつくるということは、決して妥協でもなんでもありません。日本経済が衰退してしまったら、これは先に進む条件もなくなる

わけで、共産党としても困るわけです。（笑い）

まともな発展の軌道を進んでこそ、暮らしにとっても、その先の社会に進むうえでも、希望が開けてくるわけですから。〝やさしくて強い経済〟というのは、決して科学的社会主義の立場を曲げて妥協して言っているわけではありません。

本田　すごく分かりました。

気候危機打開とジェンダー平等を考える

本田　もう少しお伺いしてみたいと思ったのは、日本の経済や企業が、グダグダな状態にあることに対して、先ほどおっしゃった労働法制、社会保障、税制での改革が必要だというのは賛同するのですが、それだけでこんなにグダグダになってしまった経済、企業が息を吹き返すのでしょうか。ちょっと心配です。

志位　三つは例示的にいったもので、それに限るわけではありません。ちょっと次元が違うのですが、私たちは、気候危機の打開ということも打ち出しています。

日本共産党は、この問題で昨年、「気候危機を打開する日本共産党の２０３０戦略」というのを提案しました。この中で、２０３０年度までにCO_2を最大60％削減しよう、それを思い切った省エネと再エネで実現しようと、かなり大胆な計画を提案しています。

この提案そのものが、日本経済に活力と強さをもたらすことにもなります。「２０３０戦略」では、この道を進めば30年までに、２５４万人の雇用が増え、累積２０５兆円の

ＧＤＰが増えるという試算も紹介しました。社会システムの大規模なチェンジをやることは、経済に活力と強さを取り戻していく道にもなることは間違いありません。

本田　なるほど。

志位　それからジェンダー平等という大問題があります。ジェンダーの問題というのは、あれこれの一分野の問題ではなくて、社会のあらゆる問題に「ジェンダーの視点」で対応しなければならないというのは、国連などでも当たり前の大原則になっているわけです。たとえば、本田さんの著書でも指摘されていますが、男女の賃金格差の問題です。

昨年の総選挙でもずいぶん訴えたことですが、日本の男女の賃金格差は、生涯賃金で1億円にもなる。そこには働く女性の約58％が非正規雇用という問題があります。それから、多くの女性が「一般職」にしかなれないという問題があります。そして、ケア労働の主な担い手が女性になっていますがその賃金が低いという問題もあります。

これは一つの事例ですが、ジェンダー平等の社会をつくることが、本当の意味での日本の社会や経済の活力を取り戻すことにもなる。全部がつながっていると思うのです。

本田　そうですね。それは、よく分かります。

国際比較データを見てみても、先ほど紹介していただいた以外の項目を見ても、世界経済フォーラムが毎年公表している「ジェンダーギャップ指数ランキング」では、日本は継続的に低いランクにあります。特に「経済活動への参加と機会」という指標は国際的にかなりランクが低い。気候危機打開の提案にも私は賛成です。

ただ一方で、世の中には、ジェンダー平等という打ち出しに対して、「自分たちさえ食っていけなくなっているのに、さらに女性が地位を脅かしに来た」と受け止める男性や、家事・育児分担がこんなにも不平等なもとでも不満を抱かない女性もたくさんいます。石炭火力発電をなくしていくという気候危機打開の方向に対し、相変わらずまだ石炭火力に固執する勢力もあります。私は、なぜこんなに転換できないのだろうと思うわけですが、それでも短期的な利益にしがみついているところがたくさんあります。

志位さんがおっしゃった共産党が掲げている理知的な主張はすべて妥当で、私は賛成します。賛成するのですが、こうした人々と共産党の主張のギャップ、距離感は仕方がないのでしょうか。これを埋めるためにはどうすればいいんでしょうか。

フラワーデモで参加者の訴えを聞く人たち
＝2021年12月11日、東京都千代田区

「ギャップ」をどうするか――粘り強い社会運動で打開していきたい

志位　たしかに「ギャップ」「距離感」もあるだろうと思います。ただ、仕方がないというわけにはいきません。それを埋める力は、やはり社会運動を広げることではないでしょうか。

政治学者の中野晃一さん（上智大学教授）が、「『ジェンダー平等なんて言っても左派過ぎて人がついてこない』なんて言われる社会は、社会自体を変えていかなくてはいけないと思うんですね。ほかにもこういうテーマはまだ響かないというようなことであれば、それが響く社会に変えていく必要がある」とおっしゃっています。私も、その通りだと思うんです。

じゃあどうやって変えるのかといったら、やっぱり社会運動だと思うのです。たとえば、作家の北原みのりさんたちが中心になってずっと取り組まれているフラワーデモの活動があります。私も何度も参加させていただきました。私自身、あまりにも知らないことがたくさんありました。こんなにも性暴力でたくさんの人が苦しんでいること、特に幼い頃に受けた傷で長いこと苦しんでいること、初めて知ることが多かったのです。

やはりいろいろな運動の力で状況を変えていくことが大切だと思います。フラワーデモだって、長い取り組みの中で状況が変わり、刑法改正も現実の課題になってきました。あきらめないでたたかっていくってことが状況を変えてきたのだと思います。

本田　そうですね。

志位　気候危機の問題では、昨年、共産党が取り組んだオンライントーク企画でこんなことがありました。企画には20歳の大学生の女性が参加してくれたんですが、この方は横須賀市の石炭火力発電所に反対する運動をやっている方でした。

彼女は環境活動家のグレタ・トゥンベリさんの話を聞いて衝撃を受けたと語っていま

した。「カーボンバジェット（温暖化を特定のレベルに抑えるために許される二酸化炭素排出量）について自分も勉強してみたら、日本はカーボンバジェットがあと6年分しかないということが分かった。自分はいま20歳だけど26歳で世の中が終わってしまうのかと思ったら涙が出て止まらなかった」と話していました。ただ、彼女は、はじめは、この問題と政治とのつながりが分からなかったということでした。その後、彼女は、やはり政治を変えないと気候危機も解決できないと、結びついたそうです。そして、いろいろな形で私たちの活動を応援してくれるようにもなりました。いま、気候危機打開という点でも、若い人たちのなかでいろいろな運動が始まっています。やっぱり、いろいろな運動の力で、世の中を変えていくということではないでしょうか。

「気候正義」を求めてコールする「フライデーズ・フォー・フューチャー」横須賀メンバーら＝2021年10月22日、神奈川県横須賀市内

本田　ええ。

志位　気候危機、ジェンダーって、世界ではメインストリーム（主流）の問題ではないですか。にもかかわらず、日本でまだそうなっていないとすれば、社会を変えなければならない。変えようと思ったら運動をやるしかないということではないでしょうか。

本田　その通りだと思います。フラワーデモというのは、すごくとても大事な例で、小さい集会であっても、ずっと続ける。その中で報道もされる。報道されたということは影響が少しずつ出ているということですよね。判決も少し変わってきました。ジェンダーや気候危機を許容するような発言や行動に、世の中が「まだそんなこと言ってんの」「ばかじゃないの」みたいに、常識がだんだんいい方向に変わっていく。こういうことをやはりあきらめないで続けていかなきゃいけないなということは、すごくよく分かります。

「勝つ方法はあきらめないこと」

志位　本田さんの本の「あとがき」で、「あきらめるという選択肢がないということだけは確かです」と書かれていました。私はこれはすごく大事なことで、沖縄のことを思い出しました。沖縄では、名護市辺野古《へのこ》の新基地建設に反対する運動がずーっと続いています。「オール沖縄」のみなさんのスローガンは「勝つ方法はあきらめないこと」。あきらめなければ最後は勝つぞというのが、沖縄の運動です。それぐらいの性根を据えて頑張るのが重要じゃないかと思うんです。

本田　「勝つ方法はあきらめないこと」――。見るたびに元気がでる言葉ですね。

志位　共産党も100年やっていまして（笑い）、あきらめないで、最後は勝つという信念でやっています。

本田　そうですよね、100年やっていらっしゃるんですから、多少のことは全然平気

でいらっしゃいますよね。（笑い）

競争と管理が極端にひどくなった教育をどうやって変えるか

本田　それにしても「野党は批判ばかり」という批判には腹がたちます。もう「あほか」って。私も批判ばっかりしている人間なんで、「なんで批判がダメなんだ」って思っているのですが、世の中全般的には、特に若い人たちは何か、プロパガンダ（宣伝）みたいなものに乗せられてしまっているのかもしれません。

またほ、学校とかいろんな同調圧力が各所で強いので、そのなかである意味洗脳されているのかもしれませんが、とにかく堂々とノーを言うとか、権力をもった人にたてつくみたいなことをしません。あるいは嫌うという傾向があります。

それは階級意識の希薄さでもあり、人権意識の希薄さでもあると思うのですが、大きな政治運動であれ社会運動であれ、頑張っている人が一部にいるのは確かなんですが、大きなうねりにならないあたりが残念で仕方がないです。

この問題に関連していうと、学校が私のもともとの専門分野ですので、学校もいま大問題で、特に教育基本法が改定されてから、どんどん締め付けが強くなっています。それから教員の過重労働が大変なので、教員を締め付けることによって、連鎖みたいな形で、教員が児童・生徒を締め付けているという状況です。

志位　本田さんの本に示されたデータを見ると、中学校の先生の労働時間は日本は世界一ですね。

本田　学級人数のこともそこで書きましたが、ここで十分に書けていないのが、どれぐらい管理とか統制とか、画一性の強制みたいなことが行われているかということです。これがひどい状況です。

志位　本当にそう思います。大阪市の小学校の校長先生（久保敬氏）が松井一郎市長にあてて出した「大阪市教育行政への提言」は、とても胸を打たれる内容でした。「学校は、グローバル経済を支える人材という『商品』を作り出す工場と化している」、「あらゆるものを数値化して評価」し、「子どもたちは、テストの点によって選別される『競争』に晒《さら》される」。痛切な告発をしていますよね。衝撃をもって受け止めました。

教育基本法が改定された後、全国一斉学力テストが始まり、点数競争が強化されました。ＰＤＣＡ（Ｐｌａｎ・Ｄｏ・Ｃｈｅｃｋ・Ａｃｔｉｏｎ＝計画・実行・評価・改善）サイクルという企業経営の手法を子どもに適用し、「関心・意欲・態度」など教育に関わるあらゆる要素を数値化して競わせるという競争教育の極致のようなことが一方で起こっています。他方で、日の丸・君が代の強制、「愛国心」の押し付け、道徳の教科化、ゼロトレランス（寛容度ゼロ）、人権無視の校則など、管理主義教育がひどくなっています。競争と管理が学校現場を本当に深刻な事態に陥れています。

本田　私の同僚が調べた結果があるのですが、新自由主義っていう言葉を使っている研究は、実は教育の分野が一番多いのです。つまり日本の教育では、顕著に新自由主義の弊害が表れているということです。

その意味では、本体の経済よりも、それ以外のところで新自由主義が猛威をふるっている感じがあります。おっしゃったことはすごくその通りです。

志位　２００６年に、教育基本法改定の動きがあり、当時、私は国会でずいぶん論戦をやりました。この動きの直接の出発点となったのは、首相の諮問機関である「教育改革国民会議」が２０００年12月に発表した「教育を変える17の提案」という文書です。そこには、「初等教育から高等教育を通じて、……社会が求めるリーダーを育てるとともに、リーダーを認め、支える社会を実現しなければならない」と書いています。私は心底ぞっとして、こんな教育でいいのかと追及したら、当時の小泉（純一郎）首相の答弁は「全国一斉学力テストのどこが悪いか」というものでした。本当に恐ろしい差別・選別の教育観ですが、それへの痛みも反省もない。

「愛国心」の強制なども大きな問題ですが、最も深刻なのは競争教育の徹底化だったと思っています。そこに国家権力が介入していくという仕掛けをつくった。

教育基本法改悪のあと教育現場がこれだけ荒らされました。でもその中で、声を上げる校長先生もいる。頑張っている人たちもいます。少人数学級では、みんなで力を合わせて第一歩の成果を勝ち取りました。そうした変化も出てきています。

やはり教育のところから、どういうふうに個人の尊厳、多様性を大事にする教育をつくっていくのかを考えなければなりません。「人格の完成」がもともとの教育基本法の最大の目標だったわけで、それのみを目標とする教育への改革をどうやって進めるかも大問題です。やはり子どもたちは、そういう教育をずーっと受け、それで若者になっていくので、その影響は大きいものがあるのだと思います。

本田　その通りです。

政治が変われば、教育も大きく変わる

志位　亡くなった私の父は、千葉県船橋市で小学校教員をやり、船橋市教職員組合の書記長などもやってきたのですが、父と教育のことをずいぶん話しました。

父は、いかに競争教育が子どもを傷つけるかということを、ずいぶん話してくれましたが、その父が言っていたのは、日本の教育はここまでダメにされたけれど、政治が変わればいっぺんに教育だって変わるということです。

それは父の体験からの言葉でした。父は１９２９年生まれですから、終戦の年に16歳、当時の陸軍幼年学校に行っていましたから、まさに軍国少年中の軍国少年だったんですね。それが終戦でガラッと変わった。あれだけ徹底的に「皇国史観」を叩き込んで、子どもたちが躊躇《ちゅうちょ》なく戦場に行くところまで徹底的に洗脳しても、政治が変わったらガラガラッと変わったと。だから、「教育現場でのたたかいも大事だが、教育を変えるには政治を変えるのが一番早道だ」とよく言っていました。

本田　近代学校教育制度は法律や政策によって設計され、政治と直結しているので為政

者の意図が反映します。日本のような中央集権的な制度の国では特にそうです。自分たちに都合のいい人間、文句は言わないで経済的に有用な人間になってほしいという意図がいまの政権下では濃厚にでています。それは教育基本法が変えられてからいっそう明らかで、特別の教科道徳で細かく項目を設定したように内面の自由を無視し、子どもの内面に手を突っ込んでいます。たいへん問題がある状況です。だから、政治が変われば教育は変わるというのは、その通りです。

少人数学級――一歩だが40年ぶりに動いた

志位　一歩変えたということでは少人数学級がありますね。私も、2020年6月の国会で、安倍（晋三元）首相とずいぶん論戦をやって、あの論戦が国会での安倍首相との最後の論戦になりました。その時、最後に「少人数学級の取り組みを加速させると約束を」と求めたら、「検討していきたい」と答弁した。私と彼とのやりとりの最後は、まともな答弁で終わったんです。（笑い）

本田　少人数学級の実現は、私も取り組みました。署名は、新日本婦人の会のみなさんが、ものすごく協力してくださいました。私は、このことは一生忘れません。

志位　あのとき、どうやって論戦しようかと思って、国立成育医療研究センターが実施した「コロナ×こどもアンケート」を取り上げ、子どもたちがコロナを体験してかつてない不安とストレスを抱えていると指摘しました。さすがに安倍首相も「子どもたちの心に

少人数学級のさらなる改善を求め、財務省と文科省に署名提出・要請し、記者会見する教育研究者有志。右端が本田由紀さん＝2020年12月18日、文部科学省内

寄り添い、しっかりサポートしてまいります」と答えた。多くの教育関係者、父母、自治体などのがんばりで、40年ぶりに動きました。

本田　動きましたね。でもこれからです。中学校のほうがまだまだひどいですし、しかも、いま35人って、世界的に見たら全然少人数ではないですからね。

志位　早く30人学級にして、25人、20人としなきゃだめですよね。

教員を10万人、スタッフを13万人増やそうという「提言」を日本教育学会が発表し、私は、国会でも「提言」を紹介して、そのくらいの規模で教員とスタッフを増やさないといけないと訴えました。ただやっぱり、動くじゃないですか。

本田　動きますね。（笑い）

志位　やっぱり、運動をやっていくしかないですね。あきらめないで運動をやっていくことだと思います。人々の心をどうやったら変えられるかといったら、たたかいのなかで変わっていくのだと思います。

社会を一歩一歩変えていくことは、人間を変えていくことでもある。社会を変えるたたかいのなかで、国民の認識や力も成長・発展していくのだと思います。

そして政治を変えれば、一気にいろいろなものが変わります。野党共闘をあきらめないでやっているのも、やはり政治を変えるのがいろいろな問題の解決の一番の早道だと思っているからなんです。

本田　信じられないですよね。選択的夫婦別姓くらいやってくれよといいたいのですが、これしきのことがやれない。やはり、政治を変えなければならないということですね。

岸田政権の新たな危険――軍事対軍事の道は絶対に選んではならない

本田　岸田政権ほどわかりにくい政権はありません。立ち居振る舞いからは、安倍・菅ほど〝人でなし感〟というのは見えてこない。そういう点では少し違うかのように見えますが、結局のところ路線としては、いろいろ安倍・菅政権を引きずっているものがたくさんあるわけです。つまり低姿勢だけど、やっていること自体は前の政権と大して変わらないように見えたりします。

たとえば、学術会議の任命拒否の問題。私は、20年9月末まで学術会議の会員で、任期が終わってほっとしたとたんに飛び込んできたのが6人の任命拒否のニュースでした。私は自作のプラカードを作って官邸前の抗議集会に参加し、「ありえない。説明できるものなら説明してみろ」と言いました。梶田（隆章学術会議）会長が岸田文雄首相に撤回を求めていますが、まったく聞く耳をもたない。安倍、菅政権といったいどこが違うのか。

志位　何が「聞く力」かと言いたいですね。学術会議への無法な介入は、私たちも引き続き撤回を求めていきます。

私が、岸田政権を見ていて、とても危ないと思うのは、9条改憲にたいへんに前のめりになっていることです。所信表明演説で歴代政権として初めて「敵基地攻撃能力」の「検討」と言い出しました。安倍・菅政権でもできなかったことをやろうとしている。新しい危険が現れてきました。

米中の対立が強まっていくなかで、絶対に避けなければならないのは、軍事対軍事のエスカレーションです。そうすると一番怖いのは偶発的な衝突です。偶発的な衝突から戦争になり、その時に、日本の自衛隊が米軍とともに戦争に突入するということになると、今度は、日本が報復の対象になります。

そこに向かう危険を止めなければなりません。私たちは、今年5月3日に向けて、9条改憲を許さない署名を党としても1000万人集めようと、今、取り組んでいます。国民の運動で、危ない動きをはね返さないといけません。

本田　おっしゃったとおりのことを私も思っています。

日本は近隣国を侵略して、残虐行為をしたうえで、原爆を落とされ、沖縄戦の悲劇を生みました。そこに追い込まれるまで戦争をやめることができなかった。とても愚かなことをしてしまった国です。そういう刻印が刻み込まれた国が戦争を放棄するのは当たり前だと思います。日本がやったことを忘れていない国が周りにある中で9条を変えることは日本に対する不信を広げることになります。緊迫した状況の中で、9条の改悪や軍備増強や敵基地攻撃に突き進むことは、大変危うい状況に突き進んでいると危惧しています。

志位　バイデン米政権のとっているスタンスは、中国に対して軍事的に包囲していこうというものです。その軍事的包囲に同盟国を動員する。そういう流れの中で「敵基地攻撃」の議論が出てきている。これは、たいへんに危険な状況で、軍事対軍事のエスカレーションは絶対に選んではならない道です。

土砂投入を許さず、辺野古新基地建設断念を求めた県民大会でがんばろうと唱和する人たち＝2019年3月16日、那覇市

ASEANと協力して東アジアを平和の地域に

本田　問題は、日本がどうするか、どうしたらいいかですね。

志位　そうですね。まず中国が、東シナ海や南シナ海でふるっている覇権主義をどうやって抑えるか。やはり、外交で解決するしかありません。どんな紛争も、外交で解決し、戦争にしないということです。国連憲章と国際法に基づいて、平和的な話し合いで解決し、平和的に共存していく、それしか道はないんですよね。

本田　どうやってそれをやるかですね。

志位　この点で、私たちが一貫して注目しているのは、ＡＳＥＡＮ（東南アジア諸国連合）です。ＡＳＥＡＮの国は、ＴＡＣ（東南アジア友好協力条約）という武力行使の禁止、紛争の平和的解決などを義務付ける条約を１９７６年に結びました。それを世界にずっと広げています。

ＡＳＥＡＮがいま力を入れているのは、東アジアサミット（ＥＡＳ）を、東アジアの平和のフォーラムとして強化していくということです。ＥＡＳには、ＡＳＥＡＮ10カ国に加えて日、米、中、韓、ロ、オーストラリア、ニュージーランド、インドの８カ国が参加しています。中国もアメリカも入っている枠組みです。

今、ＡＳＥＡＮがやろうとしているのは、このＥＡＳをＴＡＣの精神で強化していく、つまりＥＡＳを東アジア地域の「対抗ではなく対話と協力」のフォーラムとして強化していこうという方向です。

その到達点が、２０１９年６月のＡＳＥＡＮ首脳会議で採択された「ＡＳＥＡＮインド太平洋構想（ＡＯＩＰ）」というものです。インド太平洋地域――先ほどいった18カ国を対象にして――を、ＴＡＣの目的と原則にそって、あらゆる紛争を平和的に解決する、武力行使を行わない平和の地域にしていく、ゆくゆくはインド太平洋規模でのＴＡＣを展望していこうというものです。

ＡＳＥＡＮが長年とりくんできた、あらゆる紛争を平和的に解決するという枠組みが、ＥＡＳという形で現に広がってきていて、そこに日本も入っている。だったら、「敵基地攻撃」なんて物騒なことを言わないで、紛争の平和的解決のためにＥＡＳを本気で強化して、東アジアに平和の枠組みをつくっていくという外交をやるべきじゃないかと考えていますが、どうでしょうか。

本田　いや、素晴らしいと思います。中国は言うことを聞きますかね。

志位　中国もＡＯＩＰには賛成しています。アメリカも賛成しているんです。オーストラリアも賛成している。日本政府も一応賛成している。つまりこのＡＯＩＰには、ＥＡＳ参加の18カ国がすべて賛成しているんです。

ASEAN事務局を訪問した志位委員長（右）**と笠井衆院議員**＝2013年９月26日、ジャカルタ（面川誠撮影）

ＡＳＥＡＮは今、本気になってＥＡＳを平和と協力のプラットホームにしようとしています。彼らがこれを一生懸命やっている一つの理由は、南シナ海問題を抱えているからです。南シナ海に中国が出てくることは許さない。ただ、アメリカが介入するのもごめんだ。どんな大国のいいなりにもならない。介入を許さずに、この地域の平和と安定を確保するような仕組みをどうつくるかということで、先ほど言ったＥＡＳ、

ＡＯＩＰという方向で、努力を続けているのです。

私は、以前、ジャカルタのＡＳＥＡＮ本部に行ったことがあります。そこで、「ＡＳＥＡＮはなぜこんなに平和な地域になったんですか」と聞いたら、こんな回答が返ってきました。「ＡＳＥＡＮの域内だけで、年間１０００回会合をやっています」。「年間１０００回といったら1日3、4回やっているという計算ですね」といったら、「そうです。毎日どこかでやっています」とも答えてくれました。「それだけ会合をやっていると、相互理解と信頼醸成が進んで、もう戦争にはなりません。どんな紛争問題も平和的に話し合いで解決しています」という話でした。

たしかにもうＡＳＥＡＮで戦争は考えられません。かつてはベトナム戦争で、二手に分かれて互いに戦争をした歴史もある。しかし「対立と分断」から「平和と協力」の地域に大きく変わりました。そして、ＡＳＥＡＮは、そういう平和のための対話と協力を、域外に、世界に、大きく広げてきているのです。だから、日本こそ、憲法9条を持つ国として、ＡＳＥＡＮと協力して、未来あるこの流れを前に進め、東アジアを平和の地域にするための平和外交にこそ力を入れるべきだということを、訴えていきたいと思っています。

本田　対話が絶対必要だということですね。相手にどう訴えかけて相互理解につなげていくのかというのが、国内での政治運動も、外交でも同じことなんですね。

その点で、１０００回の会議とおっしゃったことがすごく面白かった。今の提案をしていくのは、とても大事だと思います。対話を続けること自体が効果をもたらすということですから。

日本共産党創立100周年に向けて

本田　今日は、「あきらめない」という、私が本に書いたことを、大きなテーマにしていただいて、ずっとその話をしてきた気がします。共産党は100年の歴史をもっておられるわけですが、やはり、あきらめないということ、続けるということ、正しいことを掲げるということ、将来を見据えるということ、それを全部やってこられたのが、日本共産党だと思います。だから、嫌な想像ですけれども、もし日本共産党が日本からなくなったりしたときのことを考えると、もう私は、恐ろしくてしようがない気持ちになります。

本当にもう、ろくでもない与党が政権についているような状態が、日本全体にものすごい弊害を及ぼしているというのが多くの人が感じているところだと思います。だからやはりオルタナティブ（代案）ということがどうしても必要です。

オルタナティブは確実にある。それを実現してくれるのは、私は分厚い左派勢力つまり野党共闘だと思っています。決して、共産党だけに責任を押し付けるつもりはありませんが、野党共闘には、まったくぶれない共産党が中核になって努力、イニシアチブを取ってくださることがどうしても必要かなと思います。

志位　ありがとうございます。やはりあきらめないでたたかい続けることが大事ですね。だいたい日本共産党はこれまで100年やっていますけれど、順風満帆《じゅんぷうまんぱん》なときはほとんどないというか全くありませんん。いつも攻撃されているといっても過言ではありません。

ただ、私は、いつも攻撃されているのは、この社会を根本から変えようという志を持っていることの証しですから、むしろ誇るべきことだと思っているんです。

私は、戦前の先輩たちのたたかいに強い誇りを抱かずにはいられません。戦前の党は、党員の数は少ないし、非合法下に置かれましたが、社会的影響力は大きなものがありました。小林多喜二にしても『中央公論』『改造』などの当時の一流の雑誌にどんどん登場しました。野呂栄太郎は、岩波書店から日本資本主義を科学的・歴史的に分析した『日本資本主義発達史講座』を出しました。

だからこそ暗黒権力の側は、それを恐れて弾圧した。日本共産党を弾圧した後に、侵略戦争がやってきたわけです。だから、私たちとしてはどんなことがあっても頑張りぬいて、あきらめないで、勝つまで頑張るつもりです。どうか本田さんにも、これからもずっと温かく見守っていただきたいと思っています。

本田　それはもう、もちろんのことです。

志位　よろしくお願いします。どうも今日はありがとうございました。

（「しんぶん赤旗」２０２２年1月1日付）

2022新春対談

再エネでこそ未来

日本共産党委員長
志位和夫さん

小田原かなごてファーム代表
小山田大和さん

神奈川県小田原市。酒匂《さかわ》川沿いに広がる農地の一画に、青く澄んだ空に向かって太陽光パネルが屋根のように並び立っています。

「地面に届く光は半分ぐらいになりますか」。パネルの下で栽培されている大根や春菊を見回しながら、日本共産党の志位和夫委員長が熱心に質問し、メモをとります。

「３、４割を遮光する設計になっています。それぐらいだと生育に影響はありません」。そう語るのは志位さんの視察を案内する小山田大和さん（42）＝合同会社小田原かなごてファーム代表＝。営農しながら農地を発電にも活用するソーラーシェアリングに取り組む起業家です。「最近は光の照度が強すぎて逆に枯れるので、パネルで遮光できる」

志位さんが訪ねた施設は広さ約１７００平方メートル。農作物をつくりながら、年間１２０万円程度の売電収入があるといいます。小山田さんは耕作放棄地を使ったソーラーシェアリングを４カ所に設置。農作物と電気の地産地消を実践しています。

その小山田さんが高く評価するのが、日本共産党が２０２１年に発表した「気候危機を打開する日本共産党の２０３０戦略」です。「ソーラーシェアリングがしっかり書き込まれていた。『２０３０戦略』をやれば日本が変わる。素晴らしいできです。共産党を応援する大義名分が立ちました」

父親が元警察官で、自らも「保守」を自任する小山田さん。昨年（２０２１年）の総選挙で志位さんと並んで街頭で共産党への支持を訴えました。

２人は真っ白な富士山を横目に車を走らせ、一路、ミカン畑へ。小山田さんは耕作放棄地だったミカン畑を再生し、ジュースに加工する事業にも取り組んでいます。共感する多くの若者がボランティアで集まってくるといいます。この日も若者や大学生ら約50人が、にぎやかにミカンを収穫。志位さんと親しく言葉を交わしました。

「エネルギーの転換は『革命』と同じ。社会を変えることだ」と語る小山田さん。志位さんにエールを送りました。「今の若い人たちに共産党アレルギーはない。気候危機やジェンダー問題で共産党と新しいつながりができる萌芽も感じる。ぶれずに政策を深化させていってほしい」

◇

2人の新春対談。気候危機打開から野党共闘まで本音で語り合い、希望あふれる未来が見えてきました。

再エネ　経済も環境も大きな可能性

志位　小山田さんが再生可能エネルギーに取り組んだきっかけは何ですか。

小山田　やっぱり東日本大震災と東京電力福島第一原発事故です。それまで原発に対して賛成も反対も何にも考えていませんでした。事故で大変なことが起きたとわかって〝原発に頼らない社会〟をつくり、次の世代に引き継ぐことが事故を経験した世代の責任ではないかと思ったんです。

原発がなくなれば経済がダメになる、雇用がなくなる、電力が不安定になると政府はいいます。しかし、本格的に自然エネルギーに取り組むことでその不安を一つひとつ解決し

長くやればちゃんと利益出る

おやまだ・やまと＝1979年神奈川県生まれ。合同会社「小田原かなごてファーム」代表。小田原で農業と自然エネルギーを組み合わせたソーラーシェアリングや、ミカン畑再生など地域活性化にとりくむ。早稲田大学招聘（しょうへい）研究員

ていくことは可能。原発に頼らない方向を、ぼくが実践で示していこうと考えたんです。

志位　ソーラーシェアリングの現場でお話をうかがっていたら、小山田さんに案内していただいたソーラー発電の初期投資は1600万円で、うち600万円が国の補助金ということでした。そうすると実際の投資は1000万円。毎年120万円ずつの売電収入が入ってくれば、約10年でペイ（採算がとれる）できるわけですよね。

太陽光パネルの耐用年数は「40年」とおっしゃった。そうであれば、11年目からは収入だけになるわけです。再エネ事業は中長期で見れば、うんと利益が出るんですね。ここにきちんと投資をして、自分たちの暮らしも、地域経済もよくする。そして地球環境をよくしていく流れになっていけば、すごく大きな可能性があるなと思いました。

小山田　経営者の端くれからみて、どう考えても再生可能エネルギーの方に経済合理性

があるんです。しかも農業をはじめとした地域の課題を解決する道具にもなる。目先の数年では投資の回収はできないけど、約10年で回収できるんです。そこに投資するよう企業の意識も変わるべきです。そうすれば再生可能エネルギーはどんどん広がります。

志位　日本のビッグビジネス（巨大企業）に弱いのはその視点だと思いますね。イギリスに英国産業連盟という日本の経団連にあたる組織があります。そこに日本共産党の笠井亮衆院議員たちが2008年に懇談に行きました。話を聞くと、政府と経済界が一体になって温室効果ガス削減に全力をあげていました。英国産業連盟の担当者は〝いま投資をすれば先々、利益がうんと返ってくる。そして地球の未来を守れる。日本もやるべきだ。経団連を説得しにいきたい〟って語ったそうなんです。（笑い）

　しかし日本の財界の主流は「短期の利益さえ上がればいい」「株価さえ上がればいい」でやっていて中長期で先を見る目がない。だ

しい・かずお＝1954年千葉県生まれ。1990年に書記局長、93年衆院選で初当選（衆院議員10期目）、2000年から幹部会委員長。著書に『改定綱領が開いた「新たな視野」』、『綱領教室』全3巻（いずれも新日本出版社）など

政治がイニシアチブの発揮を

から、結局、原発や石炭火力から抜け出せません。これでは、世界から置いてきぼりです。やっぱりここは政治がイニシアチブを発揮して変えていかなければいけないと思います。

小山田　ほんとにそう思います。あまりお好きじゃないかもしれませんけれども（笑い）、ぼくは小泉（純一郎）元首相と脱原発運動をやっているんです。

志位　小泉さんとは総理時代には対立していたけれど、原発反対は本気ですね。最近、音楽対談をしたこともあったんです。（笑い）

小山田　その小泉さんが「政治が決断すれば『原発ゼロ』はすぐ実現できる」っていっています。企業は原発も石炭火力も「使えるうちは使いたい」って思うわけで、政治が「やめる」と決断すれば新しい投資をしていくんです。そうなれば再生可能エネルギーは勝手に広がっていきます。

だいたい、岸田（文雄）首相は「新しい資本主義」っていうなら、そういうことをやってください。（笑い）

自然エネルギーは地域経済を活性化させます。共産党の「気候危機を打開する2030戦略」にも〝約250万人程度の雇用が生まれる〟と書いてありました。単に気候危機をあおるだけでなく、その中から新しい経済をつくっていけることを、もっと提案していけば共感する動きが社会に絶対に出てくると思います。

志　位　危機感を共有しつつ未来への希望を語る

志位　私は、気候危機の問題で国民的なウエーブをつくるうえで、二つポイントがあると思っています。

一つは、「危機感の共有」です。例えばカーボンバジェット——温暖化を一定レベルに抑える場合に想定される温室効果ガスの累積排出量の上限値——からみると、これから排出できる炭素の量は、全世界で4000億トンしかない。いま年間330億トン出していますから、このままのペースでは10年ちょっとしかもたないんですね。日本の場合、人口比でみれば65億トン。いま年間11億トン出していますから、いまのままでは6年しか持たないことになります。

石炭火力の反対運動をしている横須賀市の若い女性が言っていました。〝カーボンバジェットがあと6年分しかないことを20歳の時に知った。私の人生は26歳で終わってしまうと思ったら、涙が止まらなかった〟と。それくらいの危機感と切迫感をもっているんですね。〝危機感を共有して緊急の行動に立ち上がろう〟——こういう姿勢がとても大事だと思いました。

もう一つは、「希望」です。小山田さんが紹介してくださったように「2030戦略」では30年度までにCO_2を最大60％削減（10年度比）する、そのために再エネと省エネを大規模に推進すれば、254万人雇用が増え、GDP（国内総生産）を205兆円押し上げると提案しています。

こちらの道のほうが、雇用でも、経済でも、希望が出てくるじゃないですか。そして実際に、小山田さんが実践している道ではないですか。「危機感の共有」と「希望」が大事だと思うんです。

小山田　耕作放棄地や人口減少……。たくさんある地域課題の解決方法の一つとして、再生可能エネルギー事業をうまく入れ込むという視点が全国的にも、地域の経済界にもほとんどないのが残念です。

いま対談しているこの農家カフェの電気は先ほど一緒に見た4キロ離れたソーラーパネルから送電線を使って送られています。この自家消費モデルは日本初。新しい技術を使えばこういうことがどんどんできるんです。

小山田　〝眠っている農地〟も宝の山に変えられる

志位　小山田さんの取り組みで印象深いのは、地域に眠っているポテンシャル（可能性）を引き出していこうという考えです。

眠っているものすべてを無駄にしないで、役立てていく。ソーラーシェアリングを導入すれば、耕作放棄地からまったく違った価値が生まれる。小山田さんのように、耕作放棄地だったミカン畑を再生させ、摘果したミカンも一つも無駄にしないでおいしいジュースやお酒もつくることができる。資本主義のもとで大量生産・大量消費・大量廃棄をずっとやってきたけど、それではもう地球がもたなくなってきた。そのなかで〝地域に眠る可能性を引き出し、眠っているものを絶対に無駄にしない〟という考え方がとてもいいなと思いました。

小山田　ありがとうございます。ぼくは、耕作放棄地を〝お昼寝している〟ととらえています。〝お昼寝していた〟土地もソーラーシェアリングという新しい技術で〝宝の山〟に生まれ変わるんです。

かなごてファームが運営する農家カフェの前で志位委員長と小山田さん

志位　いま日本全国で、42・5万㌶の耕作放棄地があります。たとえばその半分がソーラーシェアリングになってよみがえったら、そこからはかり知れない価値が生まれてきますね。

小山田　原発100基分近くにもなる。

志位　大量生産、大量消費、大量廃棄からシステム的に抜け出す

——。これから人類がまともな発展をしていく上では、そういう考え方に立たないとだめだと思いますね。

小山田　ミカン暴落1個6円
志　位　米国言いなり政治の転換必要

志位　農家カフェのすぐ近くにあるソーラーシェアリング１基の年間の売電収入は１５０万円ありながら、敷地の田んぼでとれた米６俵（１俵＝60キロ）は10万円だったと聞きました。

小山田　酒米としてご厚意で少し高く買ってもらっています。

志位　それでもあまりに安い。いまは米価が暴落でもっとひどい状況になっているでしょうね。

小山田　そうなんです。だから、お米をみんなつくらなくなってしまうんです。きょう視察されたミカン畑でとれたミカン１個が一番安い時いくらだと思いますか。ミカンの価格も暴落していて、１個１００グラムで６円なんです。

志位　６円ですか。

小山田　１キロ60円にしかなりません。そのために資材費、人件費、輸送費なんかかけられないですよ。

志位　持続可能な農業にするために米価のきちんとした保障が必要ですし、農産物の価格保障が必要です。

小山田　戸別所得補償もやらないといけない。農業は単なる産業じゃなくて地域やその集合体である日本を支える社会インフラなんです。農業が壊れるというのは日本が壊れるということなんです。

日本は目先の効率を追求し、自らの生存に必要なものをあまりにも外部に依存する社会をつくってしまった。そんな状況を打破していくのが政治の役割ですが、逆にぼくがやっている取り組みを邪魔してくるのが政治なんです。

志位　農業を考えたとき、どこから壊れたかといえば、やっぱりアメリカです。「輸入自由化を進めて安いものを食え」「米を食べるのをやめて、小麦、パンに変えろ」といって、農業を壊し、日本人の食生活をアメリカ言いなりに変えてきた結果です。

エネルギーでも、原発をおしつけてきたのはアメリカです。アメリカ言いなりでやってきて

ソーラーシェアリングの田んぼで稲刈りをする小山田さん（本人提供）

ここまでひどい国になってしまいました。ここも政治の大転換が必要だと思っています。

志　位　「2030戦略」で転換
小山田　エネルギー政策転換は「革命」

小山田　そうだと思いますよ。エネルギー政策の転換は「革命」だと思います。エネルギーを変えれば社会が変わる。いま志位さんがおっしゃったアメリカ言いなりも含めて戦後の仕組みをすべて変えることになる。原発に固執する人たちというのは、「革命」が起きることを怖がっている。だから、徹底して邪魔をしているんだと思います。

志位　「2030戦略」は、30年度までにCO_2を50～60％減らす（10年度比）ことを目標とするよう提案しています。再エネ・省エネを大規模に進めるためには、電力、産業、都市、運輸・交通、都市・住宅など、あらゆる社会システムのチェンジ（転換）をしないといけないという強い思いで、小山田さんのような取り組みに学びながら、半年かけて作り上げたものなんです。

世界ではスウェーデンの環境活動家、グレタ・トゥンベリさんの頑張りにみられるように気候危機打開のビッグウエーブが起こっています。日本でも次々と台風や豪雨災害が起きている。運動も始まっています。いよいよ切迫したこの状況にふさわしい、突っ込んだ政策が必要だと思って作りました。

小山田　すべて「２０３０戦略」の通りになれば、日本は変わると思えるくらい素晴らしい政策です。共産党にしてはちょっと〝現実的〟すぎるんじゃないかなって思いましたけど（笑い）、総選挙でかなり踏み込んで共産党を応援することができたのは「２０３０戦略」が出たからです。ソーラーシェアリングのこともちゃんと書いてある。（笑い）

志位　〝共産党冥利《みようり》〟につきる評価です。（笑い）

小山田　（温暖化防止に取り組むＮＰＯ法人）「気候ネットワーク」が各政党の脱炭素政策を評価して共産党は20点満点中の20点でした。自民党なんか0点ですからね（笑い）。どちらが現実的な政策なんだという話です。

保守的な人たちはよく〝共産党は理想論しか言わない〟とか言いますが、理想があるから現実があるんです。どんなに自民党があがいても、今後は間違いなく共産党が提案したような方向に向かわざるを得ない。ぼくは共産党の政策提言能力をすごく評価しています。政策をさらに深化させてほしいというのが今後の要望です。

志位　今日、現場を見て、ますます確信をもちました。

気候危機に若者は関心
政治とつながれば変化

小山田　ミカン畑にいた若い人たち、学生さんたちには共産党アレルギーが全然ありません。偏見があるのは、彼らのお父さんやおじいさんたちの世代です。

若者たちが共感できるのは気候危機の問題です。「自分たちに残された時間は少ない」と思っている。あとジェンダー平等の問題です。

一般の党員の人が気候危機を普通に語れるようになって、共産党は、そういう活動を応援する党だと分かってもらえるようになれば、必ず新しい支持層が増えていくと思います。ぶれずに公約をもっと深掘りしていってほしいと思います。

志位　印象深かったのは、先の総選挙最終盤で東京・立川市で街頭演説をしたときです。演説カーから降りたら高校2年生の女性が握手を求めてきて、グータッチをしました。「共産党の政策が好きです」と。「どこが好きなんですか」と尋ねますと、「一番の老舗《しにせ》の党なのに、気候危機とジェンダーという最先端の主張をしていること」と。そういうふうに見てくれていました。

未来につながる鉱脈にぶつかった感じがしています。

小山田　おっしゃる通りだと思います。

志位　気候危機打開とジェンダー平等という道は、3年先、5年先も訴え続けます。多くの方々とこの道で出会い、協力関係が始まった。そういう道が見つかった選挙だった感じがしています。

今日、ミカン畑でお会いした若い方々は、どういうお気持ちで参加されているんですか。

ミカン畑でボランティアの人たちと小山田さん、志位委員長

小山田　地域の課題を学びたいとか、地方創生、国連の持続可能な開発目標（ＳＤＧｓ）に貢献したいという気持ちがありますね。

志位　持続可能な社会をつくりたいと。

小山田　これまでの経済、社会ではもたないことを一番わかっている世代だと思います。

一方で、おとなはまだ何とかなると、これまでの社会にしがみついている。それに若い世代は嫌気がさしている。だから「学びたい」「何かしたい」と思っています。

主軸になっている学生は、交通費も自費できてくれています。彼らはひょんなことから農家カフェ「ＳＩＥＳＴＡ」にやってきて、「小山田さんのやっていることを知りたい」と。それ以降、一緒に連携してやっています。

今まででは考えられなかったような新しいつながりがＳＮＳの発達も相まってできていますが、それを政治や政策に生かしていくというところがいまはない。でも萌芽のようなものがある気がします。

志位　ジェンダーでも気候危機でも暮らしや格差の問題でも、若いみなさんは現状に強い危機感や息苦しさを感じ、答えを求めている。だけど政治とつながっていない。政治とつながったら、すごい力になると思います。

小山田　あっという間に変わると思いますよ。あっという間に政権交代です。（笑い）「右」の人たちは本当に怖がっています。若い人たちが気づいてワーッと（野党共闘の方へ）いってしまうかもしれない。だから徹底的につぶそうとしている。

志位　総選挙では、初めて本格的な野党共闘の態勢をつくり、いよいよ攻め落とすつもりでした。

小山田　そうですね。感じました、感じましたよ（笑い）。いよいよ本丸攻めだと。（笑い）

志位　そこで相手も危機感を燃やし、ものすごい共闘攻撃、共産党攻撃をしてきて、攻め落とすまではいきませんでした。1回のチャレンジでうまくいかなくても、教訓を学び、次のチャレンジで攻め落とせばいいと思っているんです。

小山田　そうですよ。

志位　沖縄では県民は辺野古の米軍新基地建設に反対です。「オール沖縄」の人たちの合言葉は「勝つ方法はあきらめないこと」。私たちも、こういう精神で共闘を今後も発展させていきたい。

小山田　共闘呼びかけに鳥肌、共産党との壁突破を

小山田　みなさんと接して、ぼくは初めて瀬長亀次郎（元沖縄人民党委員長、元日本共産党副委員長）という人を知ったんです。沖縄で（米軍統治下で圧政とたたかった瀬長さんの生涯を展示する）不屈館に行きました。「これぞ国士だ」（笑い）と思いました。あんな迫力のある政治家は、なかなかいない。「右」でも「左」でも国を思う気持ちは一緒です。なのに「共産党員は日本人じゃない」という雰囲気で攻撃しています。

リスペクト（敬意を払う）が大事です。考え方が違ってもリスペクトの気持ちがあれば、（一致しなくても）「ここはこうしましょう」となる。それが人間の知恵です。それを実践していたのが志位さんでした。

保守のぼくでも、安倍政権が集団的自衛権行使容認の閣議決定をして、安保法制を強行採決（15年）したとき「これは危ない」と思いました。その時に、志位さんが（戦争法＝安保法制廃止の国民連合政府を呼びかけ）野党共闘に踏み込んだ。

小泉さんが脱原発といったときに鳥肌が立ちましたけど、志位さんが言ったときにも鳥肌が立った。「右」とか「左」とか言っている場合ではないだろうって本当に思ったんです。

そこでぼくらも踏み込まなければ、と16年の参院選で、不破哲三さん（社会科学研究所

所長）と一緒に街頭に立ちました。これって警察一家に生まれた人間からすると、とんでもなく大変なことなんですよ。（笑い）

そういうこともあって共闘が間違っているという思いは全然ない。むしろ自分を成長させてくれたという思いが強いくらいです。

志　位　自民は共闘恐れている

志位　一部メディアは総選挙で「野党共闘は失敗した」といっていますが、失敗していません。59選挙区で共闘候補が勝っています。野党共闘には解決すべき問題はありますが、間違いなく成果を上げた。この成果の上に立って、もっとやろうと。野党共闘を一番恐れているのは自民党です。

自民党のある重鎮からメッセージを最近いただきました。〝野党共闘は大きな成果を上げた。共産党が野党共闘の路線を続ける限り、自民党はつねに政権交代の恐怖におびえ続けなければならない〟という内容でした。

小山田　そうですよ。

志位　自民党は恐怖に駆られて必死だった。それに対し私たちはまだ力不足でした。次はもっと力をつけて、今度は攻め落とそうと。

小山田　「共産党は怖い」と感じている国民がたくさんいると総選挙で思いました。最

初はぼくも怖かったですよ。（笑い）

警察官の父は対共産党の教育をものすごく受けている。私はその影響を受けて育ちました。だから「こんなに（共産党に）踏み込んでもいいのかな」という躊躇《ちゅうちょ》があったのは事実です。

でも志位さんは野党共闘だと踏み込んだ。へたしたら議席も票も減らすかもしれないけれど、それでも共闘するのが国民の意思だと言った。すごいと思いました。それくらい大きな決断をしたんだから国民の側も（共産党との）壁をブレークスルー（突破）しなければ……。そんな思いでした。

志位　ほんと、うれしいですね。野党共闘を打ち出す前は「自共対決」がスローガンでした。当時の安倍（晋三）首相と党首討論をやると、終わった後、安倍さんは「やっぱり自共対決ですね。志位さんとの議論が一番かみ合う」などと言ってきたものでした。ところが野党共闘にかじを切った後は、党首討論でもムキになって攻撃してくるようになりました。共産党がいよいよ本気で自分たちを倒しにきたと感じたのでしょう。自民党も、この道が一番手ごわいとみています。

小山田　「右」の勢力にとって共産党は怖い。怖いからこそ、テレビでもやっていましたが、「暴力革命の党だ」とすり込んでくる。「共産党は危ない」と、いろんなネットワークを使って言い続ける。共産党が本気になって政権をとりにくる意思を示したからだと思います。

小山田　日本共産党創立100年、すごい可能性がある

志位　日本共産党は今年（2022年）で党創立100周年です。100年の歴史で、順風満帆《じゅんぷうまんぱん》だった時はありませんでした。

小山田　そうなんですか。（笑い）

志位　戦前は侵略戦争反対で頑張った。弾圧され、亡くなった先輩がたくさんいます。当時、共産党は非合法でしたが影響力はかなりあったんですよ。（党員作家の）小林多喜二が作品を出したのは『中央公論』や『改造』など一流雑誌でした。（党幹部の）野呂栄太郎は、岩波書店から『日本資本主義発達史講座』を出しました。

小山田　へえー。

志位　影響力があったから、それを恐れて弾圧してきたんです。

戦後も共産党さえ抑えれば乗り切れると考え、1980年には社会党と公明党による政権合意――「社公合意」を結び、共産党排除の仕掛けをつくりました。

ところが、2015年以降、「共産党を除く」の壁が壊れ、共産党が野党共闘の中で大事な役割を果たすようになりました。このままではえらいことになるという危機感で相手はやってきています。

小山田　なるほど。

志位　だからこっちも負けるものかと。これが今の状況です。

小山田　やっぱり人間は弱いから（笑い）、議席減らすとぶれちゃうこともある。共産党さんが野党共闘せずに国会で一定の議席を維持していく道もある。だけど、そこはあえて（自公政治を変えるために）、野党共闘は揺れ動かないでほしい。

志位　私たちはこの路線を捨てることはありません。私たちは始めたからには断固としてトコトンやります。

小山田　素晴らしい。

志　位　信頼関係を築きながら

志位　だから国民の中にあるいろんな不安に答える取り組みが大事だと思っています。

小山田　共産党さんは誤解を受けている部分がたくさんあるので、払拭《ふっしょく》する努力をお願いしたいです。ぼくは共産党が〝危ない〟とは全然思っていません。やっぱり対話を重ねることが必要だと思います。普通の国民は共産党の綱領に「暴力革命」なんて書いていないことすら知りません。

誤解を解きつつ、新しい政策をより深化させ、「共産党は変わった」というイメージを保守層の人たちにも与えてほしい。

志位　その点は努力していきたいです。「暴力革命」でいえば、私たちは、どんな社会発展の段階でも、国民多数の合意にもとづき、平和的に、選挙と議会を通じて、一歩一歩社会を改革していく立場を明らかにしています。「暴力革命」など根も葉もない話です。そういうことも丁寧に知らせていきたい。同時にこういう問題を乗りこえる上で、人間と人間の信頼関係が大事だと思うんですよ。

小山田　いや本当にそうなんですよ。

志位　簡単にいえば、私が鉄砲もって「暴力革命」をやりそうな顔に見えますか、という話です。（笑い）

小山田　そうそう、見えませんって（笑い）。人間と人間のお付き合いで信頼関係を築く。胸襟を開いて酒でも飲む感じで互いに思っていることをざっくばらんに話す。そういうことを各層でやっていけば共産党への支持は絶対に広がります。

いまどの党も高齢化で党員が減ってきているとか、組織が動かないとかの悩みを抱えています。だったら新しい人たちを味方につければいい。その点で共産党は気候危機やジェンダー平等を訴えていて、すごい可能性、潜在能力を持っている。本気になってやられたら自民党は本当に怖いと思います。

志位　頑張ります。きょうは本当にありがとうございました。今年のたたかうエネルギーをいただきました。力を合わせ、いい日本をつくっていきましょう。

小山田　はい。いやあ、楽しいお話でした。ありがとうございました。

（「しんぶん赤旗」日曜版２０２２年１月２日、９日合併号）

日本共産党創立100周年　参院選で勝利・躍進必ず

2022年党旗びらき　志位和夫委員長のあいさつ

日本共産党の志位和夫委員長が2022年1月4日の党旗びらきで行ったあいさつは次のとおりです。

お集まりのみなさん、インターネット中継をご覧の全国のみなさん、2022年、明けましておめでとうございます。（「おめでとうございます」の声）

一、オミクロン株――命を守るための緊急対策を求める

新型コロナウイルスのオミクロン株が、世界各国で急速な感染拡大を引き起こしています。日本でも、今後、感染拡大が急速に進むことを想定した対策が必要となっています。私は、国民の命を守るために、政府に対して、以下の緊急の対策を実施することを強く求

めるものです。

――重症化リスクの高い高齢者などを中心に、6カ月後の3回目ワクチン接種を、最大限、迅速に行うこと。

――高齢者施設や医療機関に対して、積極的な定期検査を行う方針を明確に打ち出し、自治体のとりくみを全面的に支援すること。また、無症状者を対象に「いつでも、誰でも、無料で」受けられるPCR検査を全国的に行うとともに、陽性者を保護すること。

――有症者を自宅に決して置き去りにせず、重症化を防ぐ医療を提供するために、地域の医療機関の連携と体制強化をはかること。

――発熱外来の体制支援への補助金の復活、診療報酬の引き上げなど、医療機関への十分な支援を行い、保健所の恒常的な職員増など体制強化にとりくむこと。

新型コロナから国民の命と暮らしを守り抜くたたかいに、引き続き全力をあげる決意を、年頭にあたって固めあいたいと思います。（拍手）

二、4中総決定の生命力――〝政治対決の弁証法〟をつかんだところで新たな活力が

まず、昨年（2021年）11月27日～28日に開催した第4回中央委員会総会決定の生命力についてお話しししたいと思います。

４中総決定では、自民党などの支配勢力と、野党共闘・日本共産党との攻防のプロセス――〝政治対決の弁証法〟という角度から、総選挙の総括と教訓を導きだし、参議院選挙での反転攻勢を実現する方針を打ち立てました。

４中総決定をよく読み、よく討論し、〝政治対決の弁証法〟をつかんだところでは、「がっかり感」を吹き払って、次のたたかいへの大きな活力がわきおこっていることが、全国から報告されています。

「４中総と私」の運動が力を発揮しつつある

４中総決定の意義を、自らの党員人生と重ね合わせて語り合う「４中総と私」の運動が、大きな力を発揮しつつあります。

党旗びらきであいさつする志位和夫委員長＝2022年１月４日、党本部

宮崎県・東諸県《ひがしもろかた》郡・綾町《あやちょう》支部では、４中総決定を３回討議し、５割の支部員が読了・視聴し、12月に、日刊紙・日曜版とも読者を前進させています。支部長さんは次のように語っています。

「党のたたかいは絶えず反共攻撃にさらされ、これをうち破ってきた歴史でした。４中総で、たたかいのなかにこそ喜びがあるという共産党員魂がよびおこされました。支配勢力を攻め落とすたたかいに一段と力を入れたい」

群馬県・東毛《とうもう》地区・大間々《おおまま》支部では、4中総決定を4回討議し、支部ニュースで4中総を読んでの「私の思い」を紹介。12月に、日刊紙・日曜版とも前回参院選時を回復しています。ある支部員は、「私の思い」に、次のようにつづっています。

「選挙結果に『あれだけやったのになぜ?』という気持ちで、途中でテレビを消しました。……4中総を読んだら、自公が危機感をもって総力戦で巻き返してきたからだという分析。その通りだと思いました。今の政治に満足していないのだから正々堂々と活動して、夏の参議院選挙をいまからやらないと遅くなる」

千葉県・中部地区は、92・5%の支部が4中総決定を討議し、45・4%の党員が読了・視聴し、12月に日刊紙で読者の前進を勝ち取っています。黒須康代地区委員長は、次のような報告を寄せてくれました。

「4中総以外に参議院選挙に勝つ道はないと思っています。総選挙で後退したのがすごく悔しい。みんな悔しい。だからこそ冷静な分析が大切です。……4中総で自分たちのたたかいを客観的に分析してこそ、次のたたかいの方向が出てきます。4中総を討議していって生まれている変化は、支部のみなさんが『綱領を学ぼう』『一人ひとりが党を語れるようになろう』という思いを強めていることです。私の思いとしても、みんなが綱領を語り、党を語れる地区党をつくりたい。そうなったら、どんな攻撃が行われてもはねかえせる党になる。それができれば新しいステージで参議院選挙に勝つ展望も見えてくる」

「4中総と私」の運動を、大いに広げようではありませんか。

「今までは認知されなかった共産党の主張がファーストステージに上った」

4中総決定は、党外でも反響を広げています。これまで党とほとんど接点がなかったある政治学者が、次のような感想を寄せてくれました。

「4中総を読んだ感想として、非常によくできている。誰がつくったのか。よく分析し、しっかりした戦略を立てていると思う。（『新しいステージの共産党攻撃』とあるが）そこが大変に重要なポイントだと思う。私も4中総を読んで一番感じた点だ。（日本共産党は）言葉は悪いが、長い間の眠りから抜け出す大転換をこの数年間でなされた。そして今回初めて政権という土俵に上った。今までは認知されなかった共産党の主張がファーストステージに上ったということだ」

「誰がつくったのか」という質問に対しては、「全党の声を集めてつくりました」とお答えしました。「長い間の眠りから抜け出す大転換」とも評価をいただきました。眠っていたわけではありませんが、たしかに野党共闘の路線への大転換をするなかで、「今までは認知されなかった共産党の主張がファーストステージに上った」。つまり、これまでは政権と対峙《たいじ》する野党の主張という受け止めだったものが、政権に参加する党という「ファーストステージ」での主張と受け取られるようになった。そういう「新しいステージ」での困難だということを、深く理解していただいた感想でした。私たちが、〝政治対決の弁証法〟と呼んだものと同じ捉え方が、政治学の専門家からも寄せられたことは、たいへんに心強いことではないでしょうか。

現在、4中総決定を届けた党員は59・0％、読了・視聴党員は27・9％、討議・具体化支部は66・1％です。

みなさん、「4中総以外に参議院選挙に勝つ道はない」――これを全党の共通の決意にして、1月末までに、4中総決定をすべての党員に届け、5割以上の党員が読了・視聴し、すべての支部での討議・具体化を必ずやりぬこうではありませんか。（拍手）

三、参議院選挙にむけた「3本柱の活動」の到達点について

同時に、いま、広く国民のなかに打って出て、参議院選挙に向けた「3本柱の活動」――①3月末までを節に参院選勝利・躍進の政治的・組織的とりくみの確かな前進をつくる、②反共攻撃にかみあって積極的支持者を増やすとりくみを大戦略にすえてやりぬく、③世代的継承のとりくみを中軸にすえて党員拡大の独自追求を抜本的に強める――を前進の軌道にのせるために力をつくすことを訴えます。

12月の到達点は、「第1次折り入って作戦」で働きかけた数は2万1000人、「集い」

は599回、対話は6万人、支持拡大は3万6000人となっています。読者拡大では、全党の大奮闘によって約1万9000人の新たな読者を増やしましたが、年末の読者の減少に追い付けず、約8800人の後退となりました。党員拡大では、新たに186人を党に迎えましたが、現勢では前進となりませんでした。

4中総決定で、党は、間違いなく新たな活力を得つつありますが、国民の中に打って出る活動は、ようやく始まったところ――これが私たちの到達点であります。

この1月から、「3本柱の活動」の本格的な前進を、みんなで力をあわせてつくりだしていきたい。そのために今日、私は、4中総決定を前提にしつつ、次の三つの確信をしっかりとつかんで、いま国民の中に広く打って出ることを訴えたいと思います。

四、野党共闘、気候危機、ジェンダー――党への新たな期待と関心が広がっている

第一の確信としてのべたいのは、昨年の全党の大奮闘によって、これまで全く党と接点がなかった新しい方々に、わが党への期待と関心が広がっているということであります。

その一つは、わが党が、ぶれずに、誠実に、市民と野党の共闘にとりくんできたことが、新しい信頼を広げていることです。

いま一つは、わが党が、暮らしの問題、平和の問題とともに、気候危機打開とジェン

ダー平等という世界と日本の大問題を訴えてきたことが、若いみなさんをはじめとして、私たちの声がこれまで届かなかった方々に共感を広げていることです。

私は、総選挙後の経験から、2人の方を紹介したいと思います。

「気候危機打開の2030戦略」――「日本が変わる素晴らしい政策」

お一人は、「しんぶん赤旗」日曜版で、私との新春対談に登場していただいた、小田原かなごてファーム代表の小山田大和さんです。小山田さんは、営農をしながら農地を発電にも活用するソーラーシェアリングにとりくむ起業家です。小田原市の現場にうかがい、とても楽しい対談となりました。小山田さんは、日本共産党が発表した「気候危機を打開する2030戦略」を次のように高く評価してくれました。

「すべて『2030戦略』の通りになれば、日本は変わると思えるくらい素晴らしい政策です。……どんなに自民党があがいても、今後は間違いなく共産党が提案したような方向に向かわざるを得ない。ぼくは共産党の政策提言能力をすごく評価しています。政策をさらに深化させてほしいというのが今後の要望です」

小山田さんは、「警察一家」に生まれ、「まっとうな保守」を名乗る方ですが、小山田さんが日本共産党に共感を持つきっかけになったのは、わが党が、安保法制が強行された2015年9月に野党共闘を呼びかけたことだったといいます。小山田さんは、党の呼びかけに「鳥肌が立った」と言っておられました。「(共産党が) それくらい大きな決断をしたんだから国民の側も（共産党との）壁をブレークスルー（突破）しなければならない」と、共産党応援の街頭演説に立つことになったと語ってくれました。これまで接点がなかった方が、まず野党共闘へのわが党の姿勢に共感してくれ、「2030戦略」で強く支持してくれるようになった。とてもうれしい出会いとなりました。

ジェンダー平等の政策――「これこそ求めていたもの、気持ちに光が差し込んだ」

もうお一人は、長崎県で学ぶ、トランスジェンダーの吉村ゆうさん（20歳・仮名）です。ジェンダーと気候変動の問題に関心があり、各党の政策を調べるうちに日本共産党を支持するようになりました。吉村さんは、「ジェンダー平等を掲げる共産党の政策を見たとき、これこそ求めていたものだと確信しました。私のように苦しんでいるたくさんの人の救いになると感じ、気持ちに光が差し込みました」と語っています。

吉村さんは、12月22日に行われた日本共産党長崎県委員会の決起集会で、次のように発言しています。

「私が、共産党や民青同盟に出会ったのは、街頭での田村貴昭衆議院議員の演説会でした。少し聞いてから行こうと思い足を止めました。すると想像以上に素晴らしい話で、その余韻に浸っていたら、民青の筒井涼介県委員長に声をかけてもらいその場で加盟しました。その後、10月に入党の誘いを受け、決意しました。……党や民青のことを友人、知人に話すと、かなりの好評を得ます。特にジェンダー平等の問題に関しては、『本当にすごいな』という声をもらい、私としてもあらためてすごいことに出会ってしまったと感じています。党や民青に出会って本当に良かった。人生が好転したと思っています」

私は、吉村ゆうさんの入党を心から歓迎したいと思います。（拍手）

みなさん、同じような出会いは、全国各地で広がっているのではないでしょうか。

4中総決定を受けて、国民のなかに打って出た経験で共通して報告されているのは、「国民の反応が温かい」「参院選でがんばってほしい」と激励されるということです。

昨年の全党のみなさんのがんばりによって、日本共産党に新たな関心と期待を寄せてくれているたくさんの方々が生まれています。

みなさん、このことに確信をもって、新春から、参議院選挙の勝利・躍進をめざす活動に、みんなで足を踏み出そうではありませんか。（拍手）

五、岸田自公政権と対決して、外交と経済で、日本の新しい進路をどう訴えるか

第二に確信にしていただきたいのは、新しい年に、岸田自公政権と対決して、外交と経済で、日本の新しい進路をどう訴えるかという問題についてであります。

米中の覇権争い――軍事対軍事の悪循環に厳しく反対する

米中の覇権争いがさまざまな分野で強まるもと、日本の進路が問われています。中国による東シナ海や南シナ海での覇権主義の行動に対しては、国連憲章と国際法にもとづいた冷静な外交的批判が何よりも大切であります。

米バイデン政権は、中国に対して、軍事同盟の全面的強化で対応しようとしており、岸田政権は、米国に追随して、敵基地攻撃能力の保有など大軍拡、憲法9条改定など、海外派兵体制の強化をはかろうとしています。軍事対軍事の悪循環とエスカレーションは、偶発的な衝突や戦争という破局的事態を招きかねない、危険きわまりない道であります。

日本共産党は、東アジアと日本を危険にさらすこうした道に厳しく反対するものであります。とくに、岸田政権による9条改憲の企てを断固阻止するために、5月3日の憲法記念日にむけて、9条改憲阻止の署名を、全国津々浦々から1000万の規模で集めることを、年頭にあたって、心から呼びかけたいと思います。（拍手）

どうやって東アジアを平和と協力の地域にしていくか――日本共産党の提案

それではどうやって東アジアを平和と協力の地域にしていくか。どんな国であれ覇権主義は許さないという立場に立ち、国連憲章と国際法という共通のルールにもとづいて、あらゆる紛争を平和的な話し合いで解決し、平和的に共存する道を追求する外交努力に徹する――このことが、いま強く求められています。

こうした道を一貫して追求してきたのがＡＳＥＡＮ（東南アジア諸国連合）でありま す。ＡＳＥＡＮは、紛争を平和的な話し合いで解決することを義務づけた東南アジア友好協力条約（ＴＡＣ）を締結し、域内で年間１０００回にも及ぶ会合を開くなど、徹底した粘り強い対話の努力を積み重ねることで、この地域を「分断と敵対」から「平和と協力」の地域へと大きく変えてきました。

日本で活動する私たちにとって重要なのは、ＡＳＥＡＮが、こうした平和の地域協力の流れを、域外の諸国にも重層的に広げていくために一貫した努力を払っていることです。なかでも、ＡＳＥＡＮ10カ国＋８カ国――日本、中国、韓国、オーストラリア、ニュージーランド、インド、米国、ロシアによって構成される東アジアサミット（ＥＡＳ）が、毎年首脳会議を開催し、この地域の平和の枠組みとして発展していることは、きわめて重要な意義をもつものであります。

ＡＳＥＡＮは、東アジアサミット（ＥＡＳ）を、東アジアの平和と協力の機構として強化していくために、一貫した努力を重ねていますが、その到達点として、私たちが注目しているのは、２０１９年のＡＳＥＡＮ首脳会議で採択された「ＡＳＥＡＮインド太平洋構想（ＡＯＩＰ）」であります。この構想は、東アジア地域の全体を、東南アジア友好協力条約（ＴＡＣ）の「目的と原則を指針」として、「対抗でなく対話と協力の地域」にし、ゆくゆくは東アジア規模の友好協力条約（ＴＡＣ）をめざそうという壮大な構想であります。視野を世界に大きく広げてみれば、希望ある平和の流れが、この東アジアで大きく広がっているではありませんか。

いま日本政府がやるべきは、破局的な戦争につながる軍事的対応の強化ではありません。ＡＳＥＡＮ諸国と手を携え、すでにつくられている平和の枠組みを活用・発展させて、東アジアを平和と協力の地域にしていくための、憲法9条を生かした平和外交ではないでしょうか。すなわち、東アジアサミット（ＥＡＳ）を、米中日を含む「対話と協力」のフォーラムとして強化し、あらゆる紛争問題を平和的な話し合いで解決する努力を積み重ねつつ、東アジア規模の友好協力条約（ＴＡＣ）をめざすことであります。日本共産党は、そのための真剣な外交努力を、日本政府に強く求めるものであります。（拍手）

日本共産党は、昨年12月の常任幹部会でこうした提案を確認し、関係各国との対話を始めています。12月24日、笠井亮国際委員会副責任者がインドネシア大使館を訪ね、わが党の提案を伝え、たいへん良い意見交換ができました。12月29日、私は、ベトナム共産党のトゥオン書記局常務とオンライン会談を行う機会がありましたが、この場でもわが党の提案を伝えました。トゥオン氏は、ＡＳＥＡＮの役割の重要性を強調しつつ、「域外のパートナー諸国との関係を重視していきたい」と応じました。こうした努力をさらに継続していきたいと考えています。

みなさん、「海外で戦争する国」づくりでなく、東アジアを平和と協力の地域にするための平和外交を――この訴えを、２０２２年、広げに広げようではありませんか。（拍手）

新自由主義を転換して、〝やさしく強い経済〟をつくろう

日本経済の進路をどう展望するか。

私は、「しんぶん赤旗」の新春企画で、東大教授の本田由紀さんと対談する機会がありました。本田さんは、総選挙のさいに、日本共産党に対して、「ぶれないのに柔軟。強いのにやさしい。理知的なのに温かい」というすてきなキャッチフレーズをつくってくれ、応援してくださった方です。

本田さんは、対談で、共産党が総選挙で訴えた政策について、「どれもすごく大事で、私は賛成します」とのべたうえで、次のような趣旨の問題提起をされました。

〝でもその訴えが響かない人々がいる。たとえば、30代、40代ぐらいの働き盛りの男性にどう響く訴えにしていくか。自民党などは空疎だけれどもキラッキラな素晴らしい将来がすぐそこにあるかのような公約を掲げている。やさしさや多様性にくわえて、強さや活力ということが伝わる訴えを加えられないものか〟

私は、この問題提起について、真剣に受け止めたいとのべました。コロナを体験して、新自由主義から転換しなければならないというのは、いま多くの人々の共通の主張となっています。それでは新自由主義から転換して、どんな社会をつくるのか。〝やさしく強い経済〟をつくろうというように訴えてみたらどうかということを考えていると、私は、お話しいたしました。

これは、言葉遣いの問題だけではなくて、新自由主義がどんな社会をつくってしまったかを踏まえて考えました。

１９８０年代から始まり、90年代に本格化した新自由主義のもと、三つの悪政が国民に押し付けられました。労働法制の規制緩和で、「使い捨て」労働が蔓延《まんえん》しました。社会保障の連続切り捨てで、医療も介護も年金も貧しくされました。消費税の連続増税と富裕層・大企業減税で、税の公平が破壊されました。

それは日本社会をどんな社会にしてしまったか。一つは、人々に「自己責任」と「自助」を押し付ける〝冷たい社会〟です。同時に、それは決して本当の意味での〝強い社会〟ではありません。反対に〝もろく弱い社会〟をつくってしまいました。

まず、「成長できない国」になってしまいました。ＯＥＣＤによるとこの７年間（２０１３年～20年）で見て、実質ＧＤＰの伸びは、アメリカが25％、ユーロ圏は14％に対して、日本はわずか6％。日本は世界で最も「成長できない国」になってしまっています。１次産業や中小企業の疲弊も深刻になっています。

また、「危機に弱い国」になってしまいました。長年にわたって社会保障と公衆衛生の切り捨てを行い、医師数を抑制し、保健所を半分にしてしまった結果が、新型コロナにさいしての深刻な医療崩壊でした。

さらに、「競争力の弱い国」になってしまいました。ＩＭＤというスイスのシンクタンクが発表している各国の競争力ランキングで、日本は１９９０年代初めの世界1位から、直近では34位に落ち込んでいます。半導体一つとっても、日本はかつて世界で50％以上のシェアがあったのが、今では10％まで落ち込み、自前で半導体の調達もできない国に転落してしまいました。

こうした角度から現状を告発し、三つの悪政の根本からの大改革を実行する――労働法制の規制緩和路線を転換して人間らしく働けるルールをつくる、社会保障を切り捨てから拡充に切り替える、富裕層と大企業に応分の負担を求め消費税を減税する税制改正を行う、命と地域経済の支え手である一次産業と中小企業を再生する――こういう道に切り替える大改革によって、〝やさしく強い経済〟をつくろうということを訴えていこうではありませんか。

とくに、「成長できない国」になってしまった最大の根源に、〝働く人の賃金が上がらない異常な国〟という大問題があります。1人当たりの実質賃金は1996年と2020年を比較して、実に62万円も減少しています。このわが国経済の最大の問題点を打開するとりくみに、今年、力をそそごうではありませんか。

労働法制の規制強化によって構造的に正社員の割合を増やす、中小企業支援とセットで最低賃金を時給1500円に引き上げる、年収で240万円にも及ぶ男女の賃金格差を解消することなどを一つひとつ実現し、労働者と国民のたたかいの力で「賃金が上がる国」に変えていこうではありませんか。

みなさん、新自由主義を転換して〝やさしく強い経済〟をつくっていきましょう。そのために2022年を、暮らしの切実な願いにこたえたたたかいを、あらゆる分野で発展させる年にしていこうではありませんか。（拍手）

六、世代的継承でたしかな前進と発展の芽――党の総力を結集して成功させよう

第三に、みんなの確信にしていただきたいのは、世代的継承という、多くの同志のみなさんが心を痛め、また、その前進を強く願っている活動で、たしかな前進と発展の芽が生まれているということであります。

民青全国大会の成功――後退から前進へと転じたことは大きな喜び

2021年、民青同盟は、1276人の新たな同盟員を迎え、同盟員現勢で19年ぶりに前進して、12月11日～12日の全国大会を迎えました。学生分野は民青同盟員が昨年の1・2倍になり、学生党員も前進しました。民青学生班、学生党支部を結成・強化している経験が各地で生まれています。この分野で後退から前進へと転じたことを、若い仲間のみなさんとともに喜びたいと思います。（拍手）

私は、民青全国大会の発言録を拝見しましたが、食料支援活動などをきっかけに、新自由主義の呪縛から解放され、たたかいによって社会は変えられるとの確信をつかんだこと

が、生き生きと語られています。

「自己責任だとあきらめていた問題は新自由主義的な政治の責任だと気づくことができ、自分一人で何とかしなければと背負っていた重い肩の荷がすっと軽くなった」

「民青の呼びかけ文を読んだとき、私は息をのみました。自分の抱えるもやもやが論理的に整理されてあり、状況は変えられるとのべられていたからです」

こうした発言が、つぎつぎに語られ、大会は大きな成功をおさめました。

民青と力をあわせて党が本気でとりくむなら、必ず変化をつくることができる

私が訴えたいのは、いま民青同盟が前進・発展する大きな可能性が広がっており、民青と力をあわせて党が本気でとりくむなら、必ず変化をつくることができるということであります。そのことは、民青全国大会の後の12月23日に開催された党全国青年・学生部長会議でも生き生きと明らかになりました。

「ゼロのところから出発して飛躍をつくった」という発言が続きました。愛知県の都出浩介青年・学生部長は、ある地区の市の党組織が、2020年7月に1人の学生同盟員を迎えたことをきっかけに、学生を一人にしてはおけないと、地区常任委員の市議会議員を先頭に、党組織あげて系統的な努力を続け、学費問題を考える集いの開催、学生アパートへのビラ配布、街角トークなどにとりくみ、新たに20人の同盟員を迎え、二つの民青班を

つくるとともに、学生党支部を結成した経験を語りました。

北海道の金倉昌俊青年・学生部長は、党と民青の共同の事業として100人の拡大目標をやり切ったドラマを次のように報告しました。

「4中総の時点で、100人の目標まであと19人だった民青拡大ですが、その後の民青道委員会の大奮闘によって100人目標を達成することができました。しかも、全国大会最終日の閉会あいさつぎりぎりでの達成ということで、ロスタイムでの決勝ゴールを決めたような大興奮に北海道は包まれました。2日間で12人の拡大での達成でした。……党としても、この目標達成に最後まで共同の事業として努力をつづけました。世代的継承ニュースを連日発行して、地区にも届けました。対象者の紹介を最後まで呼びかけて、刻々と変わる拡大の前進のようすを北海道委員会のすべての常任・勤務員に伝わるようなメールの発信にも努めました。青山道委員長も最後は立ち上がって、各地区委員長に電話して『何としても目標をやろう』というふうに激励をしてくれました」

北海道の民青と党の大奮闘が目に浮かぶような報告ではありませんか。目標達成への民青のがんばりは、党としても学ばなければならないと思います。

みなさん、私たちの目の前に大きな可能性と条件が開かれています。党の総力を結集して、世代的継承の事業を必ず成功させ、若い力を党に迎えいれながら参議院選挙での勝利を勝ち取ろうではありませんか。（拍手）

七、沖縄の政治戦――「オール沖縄」への連帯と支援を心から訴える

今年は、1月16日告示、23日投票の名護市長選、南城市長選を皮切りに、沖縄県内11市中7市で市長選挙が行われます。7月の参議院選挙、9月の統一地方選挙、県知事選挙と、沖縄では重要な選挙が続きます。

本土復帰50年の年にたたかわれる沖縄の政治戦で、辺野古新基地押し付けの強権政治にノーの審判をつきつけ、平和・命・暮らしを守る力を大きくするために、「オール沖縄」への全国の連帯と支援を心から訴えるものであります。（拍手）

八、党創立100周年の年――参議院選挙での勝利と躍進を必ず勝ち取ろう

みなさん。今年は、党創立100周年の年です。

本田由紀さんは、新春対談で、党創立100周年について、次のような言葉を寄せてくれました。

「共産党は100年の歴史をもっておられるわけですが、やはり、あきらめないという

こと、続けるということ、正しいことを掲げるということ、将来を見据えるということ、それを全部やってこられたのが、日本共産党だと思います。「あきらめない」「続ける」「正しいことを掲げる」「将来を見据える」――本田さんの党創立100周年へのエールを、私は感動をもって受け取りました。

日本共産党の100年は、どんな迫害や逆風にも頭を垂れず、あきらめず、たたかい続けてきた不屈の100年であるとともに、内外の情勢の激動を科学的社会主義の立場から冷静にとらえ、情勢にそくして理論・路線・綱領・組織を絶えず発展させてきた開拓と探究の100年であります。

みなさん、そうした党の100周年にふさわしい勝利と躍進を、半年後に迫った参議院選挙で必ず勝ち取ろうではありませんか。（拍手）

市民と野党の共闘を必ず成功させるとともに、「比例を軸に」を貫いて日本共産党の躍進を必ず実現するために、全党のみなさんと心一つに奮闘する決意を表明しまして、年頭にあたってのあいさつといたします。

ともにがんばりましょう。（大きな拍手）

（「しんぶん赤旗」2022年1月5日付）